Jorge Gabriel M. Vera

@N₮!_NØ©₮Ų®NØ$ D€£ K®!β€

(Anti-nocturnos del Caribe)

BETANIA

Serie *Far Horizons,* de Dayron Gallardo.

ANTI-NOCTURNOS DEL CARIBE

Serie *Far Horizons,* de Dayron Gallardo.

Jorge Gabriel M. Vera

@N₮!_NØ©₮Ų®NØ$ D€£ K®!β€

(Anti-nocturnos del Caribe)

editorial Colección
BETANIA de Poesía

BETANIA

Colección BETANIA de Poesía

Dirigida por Felipe Lázaro

Portada: De la serie *Génesis* del artista plástico cubano Dayron Gallardo (La Habana, 1986). Egresado de la Academia de Artes San Alejandro, especialidad en grabado (2002-2006). Premio “La Rosa Blanca” de la UNEAC al mejor ilustrador (2009). Reside en La Habana.

Apartado de correos 50.767

Madrid 28080 ESPAÑA

E-mail: editorialbetania@gmail.com
Blog EBETANIA: http://ebetania.wordpress.com

ISBN: 978-84-8017-435-0

Depósito Legal: M-6840-2021.

Imprime SAFEKAT
Impreso en España / Printed in Spain

Agradecimientos

Según las raíces latinas, la palabra agradecer podría, en su historia múltiple de acepciones, tener algún significado, así como "un camino a lo merecido", esto es, una plenitud más allá del acto performativo del "dar" las gracias, un "don" en un momento que escapa del hecho agradecido y existe solo en la forma de un tributo que está permanentemente por darse a sus actores.

Es en este sentido que mi obligación se manifiesta, agradeciendo al artista plástico Dayron Gallardo por sus hermosas series, al poeta Boris Montalvo Rencurrell por su dedicación en la revisión de los textos y sobre todo a la Casa Editorial Betania, y a su director Felipe Lázaro; gracias, sin la ayuda vuestra no hubiese podido salir a la superficie este poemario.

De la serie *Figuras Negras,* de Dayron Gallardo

ESTOY ALLÍ PESCANDO SOBRE LA TARDE

Impotente
el cuerpo,
pero insisto,
estoy allí sentado
y el malecón bajo mis pies.
Oceánidas, Áticas
me ofrecen un Caribe virgen de tiempo.

Allá un farol, un bote,
y un viejo lanza su nylon
que tal vez se enganchará en la noche;
sueña encontrar doradas,
estrellas que decidieron ser peces.

Estoy "allí"
desde el irrefutable
aquí Patético.

Sin un Caronte
la lanchita de Regla
está maldita como Sísifo.

Ahora las mulatas las han embotellado para
que puedan ser rechazadas alguna vez.
Quiero estar allí en el firmamento que se

rompe por el Periodo Especial
y gritar la libertad que nos roban,
ondular banderas que difieren
en los gestos.

ME ATRAPAN LOS ESPECTROS

Aquel patio de la niñez
vuelve hacia el último día en lo oculto, vuelve.
Losas rotas, país de hormigueros por la tarde, hormigueros.
La pelota en la esquina solitaria, la pelota.
Espectros atrapados en el tiempo, espectros.
Resistiendo la bendición del olvido, resistiendo.
El bate que hospeda al comején, el bate.
Todo emancipado de la función que tuvo alguna vez,
emancipado.
Grieta, eres ya sujeto del que se predica una pared, grieta.
Las sobras que pueblan las moscas, las sobras,
hoy me salen todas del pecho
reclamando tal o cual error
que, entre mis contadas
pero agotables decisiones,
formulé el número exacto,
mas no repetido de encrucijadas,
intersticios de un Telos ahogado en los mares del azar.

Y en el allí de un allá,
que huye desnudo,
persigo el cuerpo
entre las ruinas desesperadas
de una calzada de baches infinitos.
Sé que no encontraré el regreso,
los odiseos jamás superaron melodías de sirenas.

¡Qué todo es canto y muerte de estrellas!

¿Hay alguien ahí?

Hasta el eco se pierde en el abismo…
mi escena de la niñez
¿Qué cruel dirección te trajo a proscenio?
¿Podré con este yacer, desterrado del fanguizal, descalzo, acechando el descaro de palmas encueras bajo la noche de cocuyos?

SOLILOQUIO EN UN VALLE

Ábrete a manchar el pasto con el cuerpo del invierno...
Ábrete puesto con el uniforme de los días.
Marcha las sinfonías que no tienen regreso...
Eres el loco cuya cordura incapacita el hilar de tus miembros...
No, no, no
Cuantas veces te han sellado lo que te daba el cielo.
Sin ser un (yo) impotente del (tú)
mas sin la sonoridad del tercer, el infame.

El escudriñar de la cábala,
rendijas y dinteles del sueño,
una caricia de luz.
Cada número obra librando batallas celestes.

Antaño fueron filosofías,
ahora líneas *incotejadas*,
perdidas en la posibilidad
de ser escritas
y alejadas de la bienaventuranza,
el silencio que sucede.
Los salvadores, aquellos que se guardaron para sí
lo que debía ser escrito, rescatándonos
de los ineludibles e ignorantes sabios intérpretes.

Extensa la piedra,
sobre ella el ala del día
cociendo los cuerpos de una siembra.
¿Qué es remanso en el país de la herida?

¿Qué saltos inversos rescatan al muerto
del río y del sueño, del ayer que se apura
en la multitud de las fuentes?
Hosanna, Hosanna en las llanuras,
en la fosa, Hosanna en los huesos,
Hosanna en el fondo cagado de miedo,
Hosanna la entropía, que nada regrese
al instante.
Hosanna
Hosanna
Hosanna
Un discípulo, un Cristo, un beso,
la Cruz y los tres días.
¿Quién se ha levantado por nosotros?
¿Acaso se fue antes cuando seguíamos durmiendo mares de
ciego?
La ley debe morir en un valle,
sepultada de colores, bajo un carnaval de imparables e insomnes
desconocidos que bailan.
Costas de nubes pero, rientes, anónimos, perdidos en la
manigua sin retorno.
para que una tocada de pecho trine en barricadas.
Aves de crepúsculos felices
danzan la parte aplastada.

EL AMOR ES UNA PROFANACIÓN

"...ella afecta y exhibe -como los mannequins-
la más absoluta indiferencia,
la más estoica ataraxia."
Agamben

Globo de nube pareces,
siendo tan sorda a mis musas,
flotas a cuesta de excusas
en las muchas pocas veces.
Siembras la playa de peces,
oleante turba, escapa.
Quiero conocer tu mapa
de isla que zarpas, ajena,
desde la infinita arena que
de mar la noche tapa.

Viajo al borde de tu vientre
hacia el húmedo palacio.
Gruta, la del bosque lacio,
¿dejas que mi armada entre?
Puede que el diluvio encuentre
si en el cruce le transgredo.
¡Pléyades sobre robledo!
¡Manigua encuera, Sixtina!
Sobre la piel asesina
se hace el amor contra el miedo.

TEMPLAD CON OGGÚN EL ACERO PARA QUE NAZCA DIONISO

Templar el acero tuvo que ser el hobby de Hefesto. Templar el acero en nombre de Helena, por Aquiles y su pisada secreta. Egipto sobre piedras, cuerpos y el oro que mancha el misterio. Templar el acero con el que Nabucodonosor secuestró al hebreo. Hoplitas prestos, cruzad el egeo, id a las Termópolitas ytened con Leónidas la muerte del resto.

Templó el acero,
yunque que te yunque,
Templó el acero,
yunque que te yunque,
Templó el acero,
yunque que te yunque.

Templar el acero Magno al que Bucéfalo lleva hasta la Babilonia, la de los jardines eternos. Seléucida, imponer dioses ajenos es esperar bastiones de ávidos mártires que marchan a la memoria de un pueblo. Escipión al imperio del César ¿Contamos la oreja que Pedro cortó en Getsemaní o los clavos del Cristo, una lanza sorprendida de aguas benditas? Laespada de Atila, después la de Sigurd, acreedor del arca de los nibelungos a causa de legendaria gesta, merecedor de Krimilda, pesar para el burgundio. Templar el Acero, la estepa oriental de Qin, El Unificador, que amurallado, empuja o de Temüdyin el Kan del basto reino de tribus, cuya descendencia es incontada.

Templar el acero a los bárbaros que entran
a través de la puerta del fin del mundo.

Tiempla el acero,
Tán, tán, ta, ta, tán
Tiempla el acero,
gón... gón... gón go bo tón bón,
Tiempla el acero,
piiiin... ... ... píiiiin... ... ... píiiin...

Templar a Excalibur y meterla en la piedra. Esas hordas remadas de nórdicos mares saqueando en Nombre de Odín. Templar la catana del Ronin, tras su espalda cae el shogun por su mano. Templar el Acero del cruzado a la par que la cimitarra,filo de luna impía, llegó a Constantinopla, cercenó rostros impasibles, los cielos dorados para siempre.

Templará el acero,
chuc ta pan chuc, ta pac ta pum,
Templará el acero,
Tán ga nam tán... pám ga nám
Templará el acero
chuc ta pan chuc, tan chuc tan chuc pám.

.

Templar el acero por Juana la de una Francia ingrata, la inigualable en destreza, valor y fe. Aragón y Castilla, templadas al sol cuando el hierro se abrió a las nuevas rutas de la maravilla que pudo ver Colón. Aquel pícaro quemó las barcas y con la traición hizo caer a Tenochtitlan. Templar el acero que Hobbes le dio al Leviatán, sin más. Templar el acero con un sueño de clasificaciones parece haber sido la acción confusa, tal vez traidora del gesto que la parió.

Templamos el acero,
templamos el acero,
templamos el acero,

yunque que te yunque,
chuc ta pan chuc, chuc ta pan chuc,
gón... gón... gón go bo tón bón.

Templar el acero al alba, para enfrentar la legión de cañaverales, a veces ofrece una dignidad insospechada cuando el mundo descansa en la mesa, sobre una sopa ante la sonrisa del infante. Templar el acero para obligar en manos que vienen distantes, en provecho jaladas del profundo Calabar por mediaciones de conflictos ancestrales que jamás entenderemos, arrastradas a las bodegas por horcas con mango, apilados; la mitad de esas manos naufragan aún sin destino, sin rumbos en los océanos para luego obligarlas a cortar, cortar y cortar para una silla imperial de alguien que llora porque la túnica tiene una mota de ajeno algodón, no sólo es grotesco, es además el colmo refutativo de los que a pluma vertían, en el cálamo, historias de princesas y hadas para calmar el horror de jerigonzas, de barracas presas para siempre en la gruta que hay tras la razón. Templar el acero para alzarse a degüello, tambor y corneta en la quebrada manigua, te imaginarás, no fue tan difícil cuando el corazón entendió el idioma sin lengua del dolor. En los confines, un bosque, se oye el martillo de Oggún, tiempla en fragua el arma de todos los guerreros:

yunque, que te pún ta pun pún tá ta, yunque,
ba ta cúm, um ba cúm cúm cum pa ta yunque,
yunque, pan to púm pa tam que, yunque.

Tiempla, tiempla, tiempla el acero,
tiemplo, tiemplo, tiemplo el acero,
templado, templado, templado el acero

Templar el acero dentro de los huesos y afuera. La Isla padecede insomnio mientras pisa el rojo vivo de dos minotauros, otro Teseo viaja, olvida que hay un pueblo durmiente que, cuando despierte, habrá un Cantar de tambores efik y efok, oru bibí, será el día en que la forma platónica tiemble, el día de la liberación de congresos, y la asamblea será un espectro. El día de la fiesta, el día del crimen a Dioniso, la caída de Zeus.

Templad el acero
Templad el acero
Templad el acero

Yunque, tán que te pón, yunque...
yunque, tán que te pón, yunque...
yunque, tán que te pón, yunque...

Templar el acero para avanzar sobre un cuerpo, un cuerpo invisible de funciones y ovejas, es cortar su cabeza, es cortarle la idea , arrancarle su centro oscuro, oscuro de ciegos, de ciegospor viejos; así, cuando el áureo David agonice sin muertos, acéfalo ¡¡¡Desmembrémosle¡¡¡ Acéfalo, en la fiesta de las guillotinaciones de clanes monstruosos que celebran a Dionisos fluido, abierto, diverso y resucitado, no al final, sino al devenir de los tiempos.

Templad el acero
Templad floreciendo
Templad el momento, a tambores de un jaguar en el viento.

Tán que te pón, tán, que te pón, tán, que te pón, tán, que te pón, tán, que te pón, tán, que te pón...

Tán que te pón, tán, que te pón, tán, que te pón, tán, que te pón, tán, que te pón, tán, que te pón...

ISLA, PUEBLO Y RESTOS

"¡Sólo las flores del paterno prado
Tienen olor! ¡Sólo las ceibas patrias
Del sol amparan! "

José Martí

¿Importa luchar dormidos,
dar la vida en los soñares,
Isla de los despertares
ausentes y concurridos?
Pueblo de instantes unidos,
ahora que has de romper
la burbuja de tu ser,
mira rostros por ti prestos.
Pueblo, recoge los restos
que no puedes contener.

TRES DÉCIMAS DE UN ENIGMA

La Noche que Hiere

La noche vendrá dormida
de sus lágrimas antiguas,
atestada de maniguas
desde su luna esculpida.
Noche ruleta, suicida,
noche animal por instinto.
La noche entrará al recinto
con el ladrido del galgo.
Noche que a tu afuera salgo
con heridas de tu cinto.

Caos de los Miembros.

Dibuja un cristo en un cuarto
sumergido en una esquina.
Un quijote se empecina
por las fauces de un lagarto.
Si el orden tiene un infarto
el completo es un escaso.
El Cristo de otro Picasso,
descendido hasta El Guernica,
esconde en lo que salpica,
el todo sobre un pedazo.

Entender Encrucijada

Madrugar que te traiciona
al serpenteo de rutas;
unos baches son reclutas
con el ser de la persona.
Ora un pueblo que se encona,
ora espera la diatriba
del caído sin arriba
¿Qué decirle a su disparo
si callado se oye claro
como un río de saliva?

CUBA ESPERA A LAS CALIBANAS

"Asumir nuestra condición de Caliban implica repensar nuestra historia desde el otro lado..."
Roberto Fernández Retamar

Cuba estará en un sitio de pasados.
La rebambaramba que no se calla;
un ri pa pa tá de rumba en la playa
pal que te da buenos envenenados.

Arcoíris de pañuelos regados,
cinturas que se salen de la saya.
Cuba, si eres pez, para ti no hay malla que
en tus mares te priven de tus nados.

Siá cará de humo, ron y yerba buena;
El Caribe que se acuesta en la arena
custodiada de nobles tocororos

de vuelos caídos en palanganas.
Hoy se levanta un bastión de otros coros:
un apocalipsis de calibanas.

ALABANZA DEL PECADO

A Reinaldo Arenas

Flor anal defeca las primaveras
y el glanderío de seres erectos.
Las entrepiernas de cristos perfectos
comen colgantes beatas encueras.

Onanizar sobre papas electos.
Luna de semen, si te la comieras.
Tres rosarios en vaginas sinceras
mientras paren mesías por sus rectos.

Fornicar con la frase y la pregunta:
al cuerpo lo que es del cuerpo ¿con vos?
Crece el pecado, se *fela* en su punta;

se decapita del alma la voz:
¡Altares, orgiatizen la conjunta
violación de los corderos de Dios!

PEDAZOS QUE AL FLOTAR ME MATAN

¿Qué porción del mundo al flotar me mata?
¿Quién nos juega con todos los pedazos
empatando los días con los pasos?
¿Por qué expuesta se ahorca la corbata?

Laberinto, te pierdes en la rata con
esa luna inclinada y maestra.
¿Por qué tantos pedazos, tanta muestra
de los cortes sonados en la lata?

Se sueltan los peldaños de los mitos,
las siete parcas trazan los circuitos.
Soy la chispa de vida que desea

ver cómo se arroja tras la montaña el
cuerpo que encendió halo de breadel
postrero epitafio que me engaña.

PANTA REI, POR TANTO, TRAS LO QUE FLUYE

Hubo besos que no transitaron las horas, traté de concebirlos,
pero se hizo espuma el pensamiento. Concluí en una fórmula,
fue rechazada por

la palabra y el papel. Tales besos parecían haberse

ausentado. ¿Qué hago con el sabor de ópalo sin labios?
¿Aunar la suma de besos que se darán?
El recuerdo juega en la bruma, sólo un ciego podría
verlo; nosotros los videntes estamos destinados a la luz,
a la infamia que nos impide VER.

Después de no tenerlos,
los besos, se anda sin sentido y se pierde

la perseverancia del ser:
se les hace la guerra a los bosques,
se les inunda de fuegos,
se mete en un horno el planeta hasta que reviente,
se cuelgan cabezas como trofeos,

se subastan las relaciones,

se amontonan bien lejos los cuerpos

hambrientos,

se gestan las rebeliones armadas,

embargos a la libertad del otro,

el otro, uno mismo, silencia con acero al pueblo

y se maldicen los próximos besos.
Nos enfocamos en el estatismo
de un cigarro que jamás soltará humo.
Los besos míos y tuyos nunca fueron porque se dieron en la
bruma, sin las horas, esperando a que el cigarro echara, por fin,
el universo; entonces entendí una buena contradicción en las
curiosas inmovilidades aberrantes de Picasso.

EL SECUESTRO DE LA NIÑEZ

El barrio te pone un calzo
pa ' atrincherar el *pitén*;
hoy viaja por el contén
todo el que surja descalzo.
Llueve un tiempo de cadalso.
A la mano *un cuatro esquina*...
¡*Pa Trich*!, suena la vitrina,
estampida ' *e mataperro*.
En las calles de un destierro
el recuerdo te trajina.

El barrio sale en trote
de la niñez, suspendida
sobre un techo, concurrida
al soñar un *papalote*.
Un chamaco es un quijote
en el bosque de farolas.
Los *angollos* le hacen colas
de las bolas por *quimbar*.
El tiempo lanza el azar
que nunca pierde a las bolas.

LA MANO DEL VIAJE

La mano se extiende
hacia la gruta
de mágicos ladrones,

sondea el sótano de la mirada,
abre al fin sobre un cuerpo
el texto de su tiempo.

Hay que soltar la piedra,
acariciar la superficie de un fuego,
el torso del tallo de una rosa
y llevarse a la noche el sudor
que nos ha diluviado
la madre, la selva, la basta roca
que compone el cosmos.

No sé, pero la mano desciende
sobre el don de Prometeo,
sobre la fábula cierta
de los enigmas de un orden numérico
que se extravió en Alejandría.

¿Son rostros invocados que niegan
el derecho a la gracia del mar?

El mar de aves violetas.
Violetas de aire curioso.
Curioso el cuerpo desnudo de arena.

Arena que cuela la historia de alguien
que solía saltar a las nubes.
Y el salto se sostuvo mil años y un día,
en la última hora, aquel día, gritaron las voces,
las voces de constelaciones:

¡Ella es la maldita! Y
todos conspiraron,
la hicieron presa de un solo planeta.

Ella, hija de la luna, aliada ahora de la costa,
escribe unos versos, se lanza al océano,
y duerme en los corales hasta que la trompeta
convoque a sus miembros.

La mano, la única mano que dibuja dormida,
que tuerce un tabaco sin humo,
sortilegio de ombligos,
centros hundidos sobre el abismo bajo el cual
se guarda un secreto;
siete guardianes custodian su suelo.

Peino la estrella...

El conteo de ojos ciegos...

Los himnos sin lenguas...

Un papel más duro que el acero...

El sueño...

El agua colma todo el relato
y se cierran los cielos.

LA PLAZA ESTÁ VACÍA POR FUERA

Siete acordes en la plaza y cae la tarde
como en el fin de las civilizaciones.
La guitarra sigue siendo pitagórica
y la voz es una rara bocanada de aire.
¿Dónde están los que dijeron que la tierra era suya?
Cuánto polvo hay bajo los pies.
Una roca encendida atraviesa la galaxia
como un jinete del último día.
La plaza sigue en cuarentena sin las almas,
vagando el tiempo hacia las ruinas.
Me place el balcón, pero temo a las luces.
Salen los pájaros sin rumbo,
ondean las banderas de los bancos.
Las patentes son legiones del crédito
que defienden esa ciudad de estantes inexpugnable.
Que alguien escuche la deuda,
el himno invencible.
Que alguien calcule sus sueños, cuestan
las veces de su repetición, prohibido
soñar lo que no se ha soñado.
¿Por qué el ingenuo lagarto ya se pierde en los bosques?
Todo es pedido a proveer
sin proveer lo que es pedido.
Son círculos, clanes de centros atómicos.
Empujan, fluye la sangre,
no se detienen hasta que el barro
huela a cadáver.
Lágrimas ausentes por los descalzos.
Se secan las fuentes,

ya no duelen.
Una niña camina sin padres,
camina con todos los pies que dejó el homicida.

El sur crece de cuerpos...

Ahora campa una soledad irreparable.

¿QUIÉN, DE CUBA, ES PROFETA DE LA ESPERANZA?

Las cornisas no flotarán ante las caídas
y el malecón sembrará de aguas todo su muro.
Yemayá teje la aurora haciendo olas de huidas,
San Francisco vive el ahora con prisa y apuro.

Rayos vuelan violáceos, alas de silbido;
el capítulo de ciegos levanta los días,
sobre un cuerno Eleggua zarandea sinfonías
y al Cristo una rumba se le escapa por descuido.

La trigonometría del llanto que se calla
la sencilla ecuación que el resultado no alcanza.
San Lázaro abajo, la paralela, una raya,
otra calle, a veinte calles, llamada esperanza.

ANÁLISIS DE AMOR

Amor, existir a la vida, soñarse un hongo,
renunciar a los umbrales de las expansiones;
quedarse en Edén o salir con Eva del Congo,
huir de la palabra por las significaciones.

Amor que convenció al asceta de anular todo;
dialéctica imperial, colonización del modo.

Amor es la mofa que te vende el narrador,
liturgia sin cabeza del cuerpo salvador.
Niños que juegan siete instantes de una partida,
circo de la unión entre acuáticos y terrestres.
Paradoja militante, terrible caída
del viaje de la vida en la roca extraterrestre.

Amor, ¿por qué entras al rojo vivo a discutir?
No eres asesino, tienes la flor del suicida,
escalas ocultas que no se pueden subir,
una función sublime de la cuenta fallida.

Amor es amor, dicho en platónica ficción.
Libertad que te expropia la suela del sentido.
Amor, por ti Patroclo, la caída de Ilión,
será de tus espectros por haberse reunido.

Amor, como el lago, que a los pies de la montaña
le detiene sus fluviales, hordas de la hazaña,
para guardar caudal de lágrimas que faltaron.

El lago se enfureció creciendo hasta la cima.

Amor cayó. Fue de aquel rayo del que agonizaron;
se quiso ahorcar la cordillera con el clima.

Los hijos muertos llueven cada gota de hierro
sobre la herida esférica e infinita del Hades.
Aún el monstruo llora por su celeste destierro
con los ojos del mundo de dos oscuridades.

ABRIR EL PAÑUELO QUE VUELA

Dentro de un pañuelo se doblan mis recuerdos,
por tanto, en aquel día, en el que estuve horas
observando la siesta de una mosca,
se decidieron las horas del mundo.

Ahora...

estoy en alguna esquina de la tela,
se dobla el pañuelo y lo meto elevado
al bolsillo de los cielos.

Azulejos...

las órdenes vuelan,
los lienzos se quedan,
se vuelven extraños,
pierden sus pozos
en los Raíles de estrellas.

Trenes de cielos
sobre los pueblos ostentan
viajes de otoños.

Salgo a la guerra,
salgo al vacío
repleto de huesos.
Invento la espada
que devuelva al pañuelo

y les saque del lienzo,
de la muerte
o del trazo que desbasta
la paz genuina de la piedra.

No pedimos venir aquí,
hacernos los vivos,
cubrir el desnudo
y luego no parar de obligar a cubrirlo.

Caciques, Reyes, Emperadores,
tiranos, presidentes, ministros todos
del absurdo, prestidigitadores
de las zonas intermedias,
se creen a salvo,
pero están bien jodidos...

Una ola de clamores de ancestros,
de verdades desterradas.
La última grieta del dolor
hará la JUSTICIA
que arrasará toda posibilidad de uso,
de tener derechos, de tener...
Una manada de libélulas
guiarán la vida a su sitio de muerte,
a saber, que no somos menos que más
ni el contrario, solo tensiones que se distienden
como una respiración desconocida...
Reconocer, no solo el arranque,
también la parada...

Nunca olvidar
cómo se abre un pañuelo.

CUBA AGRADECE A LOS GÜIJES

Los peñascos, que danzan una quietud, únicamente podrían ser perturbados por el fálico vendaval. Un viento comienza a dar a luz a la oscuridad y la recluta en las filas de su caos. Qué lejos van por la cañada los tres guajiros, parecen haber selladola jornada. Entre chistes que se olvidarán recortan el camino y dejan las risas fundidas en el recuerdo. Ansiosos por llegar, bajar la cuesta, chocar con el aroma de una sopa que aún está por servirse. Del otro lado, después del ojo de agua y la guardarraya, unos surcos, son pura potencia, difieren del acto, más no con la idea de maíz. Luego volarán nueve sinsontes que cruzarán la madrugada.

Por más que los brujos suelten la noche
en el monte,
los duendes negros
no tienen miedo,
ellos corren encueros,
se adentran en la manigua cerrada,
convencen al jazmín de su fuerza.

Estos chicherikus de patas de rayo
revuelven las madrigueras,
se asoman en las ventanas de los hijos de los guajiros,
le cantan sueños de lunas,
mecen la cuna en el techo,
el que se perdió por el huracán.
Conocen todo lo que ríe
y llora en el batey.

Convertidos ya en cocuyos danzan,
danzan las onomatopeyas del monte,
logran brillar sin las constelaciones.

El retozo acaba con el último sinsonte.

Al amanecer Oshún con su guijarro
llama a los güijes, los amamanta,
les da el néctar de su ser, los
lleva en brazos a la loma de
Oggún, el padre,
y allí los deja dormir el día.
El brujo mira su caldero,
una copia lúdica del universo.

LA AMENAZA DEL ÓVALO RECTO

La amenaza es un escondite de fragilidad,
de falsas fragilidades.

Una gruta...

Un elefante invisible de cabezas circulares,
colmillos circulares,
dádivas circulares,
asedios circulares,
recorridos circulares,
sombras circulares,
circulares, circulares, circulares,
circulares, circulares...

¡¿Circulares?!

Bestia de puñal manso,
inquieta, sondea el centro de un astro.

Bosques de bloques,
bloques poligonales,
farsa poligonal,
política de polígono
al margen de las tripas
del títere.

La amenaza está confabulada,
vendida, servida de sangre congelada.

Existen los días y el día de días
que será triangular,
como los labios, dos triángulos, como
las Termópolitas, triangulares...

Allí morir...

Igual que un triángulo ante el círculo enemigo,
más basto, invencible...

Entonces nos es revelada
una verdad,
una verdad de sufrido,
una verdad de restos.
Cuando se logra,
a través del dintel esquinado del universo,
ver la alineación galáctica,
la gnosis supera la palabra.

Con los sueños...

Por otros soñados...

Y de esos...y en sus lugares distantes,
sin simetrías.

El olvido total contiene,
insoportable, la belleza.

La amenaza descansa
sobre el espejismo del óvalo,
geometría siniestra de la recta.

ESPERAS EN EL ARRULLO

"A aquel hombre le pidieron su
tiempo...porque para el horror basta un
ojo de asombro."
Padilla

No hay caso,
a no ser que, en tu palabra,

se ponga en juego la metáfora herida
de Calibán vencido,
despeñado por el estrecho acantilado
de la censura.
No hay caso
si el corolario,
vertido en la brea de la historia,
no mancha la pared de bacterias inhóspitas.

¿Quién al Virgilio de baches,
de Antillas indescifrables,
osó apuntar en una lista
que excede los cánones de la vida?
Existen islas que esconden los mares
y continentes que tragan océanos.

Pues si el poeta tiene el mínimo poder,
como Dante,
de crear un infierno
desde la maldad,
si se quiere,
la más autóctona o genuina
que la humildad no puede controlar,
cuasi pétreo, construyo un erróneo círculo

para comer mierda,
para los comemierdas,
para que se atraquen de buques que
hayan estreñido los puertos,
rasgados los cimientos con sangre;
no dejen de comer
únicamente porque hayan descubierto
el real sabor de las mierdas;
con lo cual, cumplir el cliché
o quizás refutarlo,
que somos lo que ingerimos,
para algunos el ser es anterior.

Perdón por desear...

Perdón por condenar, perdón...

Por maldecir...

Incluso, perdón por juzgar,
pero no me pidan que perdone
el sufrir de nadie, ni por nadie,
eso nunca, aunque sea mi mayor equívoco.
Dragones custodios, vergeles
de horizontes,
como todos, hundidos…
tiempo ah que las botellas siguen presas,
encadenando al mensaje en lóbregos sótanos.
¿Qué Apóstol, héroe o mártir
subvierte el poder de las Grayas?
¿No hay Perseos ya que hurten el ojo
para matar las Gorgonas?

El ojo que ha visto lo indeleble,
la extinción de las musas,
los palcos bajos frente al estrado de un juicio.

No debió, pero fue...

El contexto que argumenta
como si fuese interruptor
de androides, seres calvinistas,
predeterminadores molares
que en la caldera del siglo
cocieron al poeta de infamias,
culparon al poeta
de lo ajeno.
¿Ejemplaridad?
La venta del alma a otro Satán,
a la otra babilonia,
pero como toda ciudad, que cuelga jardines, cae.

No hay caso...

¿Quién puede asegurar cual es la parte
que es o no la revolución?
¿La conveniencia?
¿Alguna sustancia de ocultos telares,
legato de un canto subrepticio
a causa del delirio?
¿Una revolución se define por lo que se necesita
o por lo que se hace?
Hay una que aún duerme en la necesidad
y sigue clamando...

Arcángeles, cortes celestes
que ya no son áureas,

en suma plegaria
acompañen a Padilla al estrado
como único Juez de su caso,
nadie, en este tribunal, tiene jurisdicción
para hacer justicia más que el nombrado.
El tiempo desarma al destino, nos arrastra...
en el *Habeas Corpus* que inútilmente retrasa
el ineludible arrullo...
el día del JUICIO...
Listo para dictar clemencia...

LA ISLA QUE SE VIENE

Archipiélago de norias,
la Isla atada de manos.
Callan bozal de fulanos
al son de convocatorias.
Sangre baña las historias
de plurales trovadores,
que, a degüello de invasores,
vieron al ángel tocar
la corneta del soñar,
de la Isla sin temores.

Líneas contra sustancias
al clarín de las miradas.
Costas de sol empapadas
de aguas, quietas militancias.
Suspendidas olas, ansias
aguardan el sur que viene.
La seda al monstruo contiene
en el día bocabajo,
su historia nace de un tajo,
orgasmo que el pueblo tiene.

MORDER LAS SINFONÍAS

Me aplasta el fin de la noche,
me doblan la costa del amanecer
en un baño de criaturas encadenadas en la caverna...

Colapsa la Isla de Pascua...

Se roban el arca misteriosa...

Disfrazan de caballo a la guerra...

Sedientas figuras se cobran la deuda,
alabastros, el semen que los hizo
permitiendo estas presiones de hongos celestes.
Hoy levo la sombra encendida
que oye el tormento,
orquesta de culpa
muerde la sinfonía.
Te vi abandonar la esquina,
agarrar la calle para bajar de prisa...
¿Qué pensarás de los pasos que se han dormido?

Ve en la escala que se rompe erguida,
ve en la escala,
ve a morir cada farsa,
rostro, máscara de vida.

Las piernas abiertas al mundo...

Conciliar desborda...

Soplo los años y se acuesta el deseo...

FILACTERIA EN LA PALMA NOCTURNA

¿Quién te deja en la cúpula invertida?
¿Qué manos te abrazan sin la jornada?
¿En qué vuelos de la nocturna huida
un gesto te repara de la nada?

Tras el mármol, la siniestra guarida.
Al evocar, en la fe, tu evacuada;
me aguarda la aritmética prohibida,
los caprichos de una parca apurada.

Más te adoré entre cruentas Potestades:
esos grilletes de ley, que no evades,
no me ceden ni una cuarta de tu alma.

Quedará la paz del tiempo borrado, dos
corazones en alguna palma cuando
este poema nos haya olvidado.

EL ARCHIVO DE INTENSIDADES

Lo explicado se tuerce
al tejer la lluvia,
trabazón de la tarde.
Cada gota es una mano
que choca con la gran mano del mundo
solo una vez,
mientras, no te puedo extirpar en los intentos.
Se tuerce,
imposibilidad del orden.
¿Hace cuánto estás aquí?
Antes que la cosa,
madre de la forma
¿Quién te imaginó colocando la luna?
Qué milenarias son las figuras que hacen la sombra
y el zodiaco, están en una caverna
siendo parte de un secreto
que compartiremos.

Pero aún se traba la tarde
con el aplauso de la tempestad,
inundando de recuerdos
el archivo del ocaso. Te
ocultas hacia arriba,
esperas la noche
con el paraguas de la galaxia.

Se tuerce,
ritmo de tu fuga, protestas
de intensidades.

¿Cómo no amarte en la evasión?

NOS VIENE LA SOMBRA DE LO INERTE

Los bandos giran,
las simetrías son lunas estáticas
sobre maniguas a pulmón verde;
verde son las obras inacabadas,
excelsamente anónimas,
pero es irrelevante
en la interrupción del festín
por quienes creen que saben
cómo ha de ser una fiesta,
unas formas enlatadas que se replican
y no el beber de yugulares poéticas,
vertidas de tiempo,
barajando instantes
como naipes que se pasean en el vendaval.

Si pierden intento los pinos
que parecen comparsas babélicas,
falos ingenuos que apuntan al credo,
se habrán liberado los ojos volviendo
al zumbido de la tierra,
a las huellas,
el Edén de los insectos.
La vida esparcida entre la muerte,
en ese laberinto de arena
que ha conocido toda vigilia,
observa desde las costas
hasta en los huesos
un tránsito de voces.
Hoy no, hoy no ha pasado nadie...
¿Será por la sombra, esa que acaba de entrar por debajo de la puerta?

SI SOBREVIVE EL DETALLE

Un cajón basta,
ahí se guarda la esencia del universo.
La esquina de una hoja,
donde se ha escrito un poema,
es un registro de fálicos dioses
en bosques inmemoriales.

Habría que arder
como el heno que ha muerto para la vida, vida
que puebla allende los mitos del rincón.

Oda a la mano en la espalda
que se abre a su carretera desnuda
con la resurrección de los vellos.

Silbad...
Llegad a la oreja...

Debéis expresaros dispersos...
Os aguarda la crisálida de la sombra...

Si sobrevive el detalle
caerán las lógicas armadas,
se imprimirá lo verde
y el sueño reivindicado
será distribuido.

¡Basta de todo, que nos harta de nada!

UN SALIR QUE DEBE COLGAR

En cada palabra aparece el ágora,
arpegios de una deuda,
que en revocables intentos,
se desnuda ese territorio del rostro
que es vástago disperso,
de linajes que han mentido
pretendiendo la recta cuando
han sido discontinuos.

Distancia colgada…

Distancia de cola…

Distancia por los codos...

Válgame el peso en horas
si no copulo con la queja,
hacedora anal de gritos,
y me quito el seboruco
de la espalda del mundo.
¿Cuántos ombligos desaparecen
en la mañana rapaz del cuervo?
¿Por qué la ranura
es más grande que el odio?

La respuesta está en el centro de un sueño
que no se soñará,
es una cifra que se le sale colgada de distancia al mundo,
como el codo de una cola.

TODOS SOBRE LAS HUELLAS

Candela al matorral del macao
pa ' que el viento endulce la llama.
Un aliento de hojas militantes
que van reunidas en los círculos del monte,
abrazando los pies marrones de la guardarraya.

No me complazcas…

Sácame del silencio de los buenos…

Y que el fuego sea parte, en algo, de la palabra…

De la lata erijo un quinqué,
alumbro el río de los meses,
sortean el apagón del goce
y bailamos un guaguancó en el solar de las estrellas.
¿Por qué la cara de un pueblo
se muestra en su rastro?

LOS OJOS DE GEA

Nuestros naranjas harán recorridos
entre las sábanas de la mañana,
laberinto en que se pierden los ruidos
que hacen los miembros en una membrana.

Gea de los difuntos y zumbidos,
tu parto abre el amor que nos profana.
La batalla, tu lecho tras la humana
vastedad del espectro en los descuidos.

Despiertan los selváticos dinteles.
Las alondras que posan anaqueles
aceptan el reino de las libélulas.

Todo lo ven con los ojos de Gea,
cabalgan sobre las cifras en células
hacia el martirio por la chimenea.

ARQUEROS QUE PERDIERON

Arqueros, lancen los días sobre el cuerpo...
Ese es el dictado del tiempo,
Inapelable, sordo
Y un poco cruento.
Arqueros, lancen la vida sobre los momentos...
Así el concurso de la existencia,
Amurallada de dolor,
Incontrolable
Y a veces ciega.
Arqueros, ¿no ven el fuego?
Ya son estáticos, no lanzan lo que antaño,
Martirio y hierro fueron,
Heridas del suelo.
Una flecha atraviesa las fronteras que viajan.
Ya son incontables los huesos.

AGUARDA DESNUDO

Un decir como la brisa
cuando roza todos los cuerpos...
Hablar con voz de huracán,
en un Caribe que sale a la noche
en una lágrima, hija del dolor
y hermana de cada suceso.

Un decir que cuenta,
en las tumbas del firmamento,
los epitafios no escritos,
borrados todos del cuento.

Un decir que ha engordado con los años,

Decir de rumbos...

de un ala sin copa...

vertido desde el pueblo.

¿De quién es la espera?

Esperar a que termine el cuento,
el salmo
con su fusta de decir.

Un decir que aguarda desnudo
a conquistar las voces
que recitan los trascendentes
versos.

UN REGALO DE MUERTE

Un gallo sin cabeza,
Una herradura,
Una cruz,
Siete tiras rojas
Y dos velas intactas,
Todo dentro de un saco
Que recorrerá el río Quibú,
Y otro ceremonial bajo una ceiba,
Que en su lomo milenario,
Lleva grabados de firmas desconocidas
En una lengua que no llegó a babel.
El cielo es un círculo,
La lluvia es el sudor de los ancestros,
Hoy, luchadores frente a un olvido blanco,
Tenebroso, sellado en el paquete
De un regalo de navidad.

EL ANTI-NOCTURNO QUE SE ESPARCE UNA NOCHE

"...se acercó y marchó con ella... ¡Oh las sombras enlazadas!"
Nocturno III
José de Asunción Silva

Las manos de sombras por la luna,
Por la luna que refleja el deseo de los mares...
Por los besos de recuerdos
En los parques,
El paseo con el aire de bahía.
Ocultos entre las greñas de framboyanes.

Oh vértigo del paso,
Perpetuo en la ligera noche
Que cae efímera sobre los pétalos...

Oh magnas musas,
Vírgenes sin brazos,
Estatuillas que aún no se han encontrado,
Mirad los travesaños que forman el arquitrabe
De la madre que nos sueña...

¿Todo es un pretexto para recordarte
O tu recuerdo es el pretexto para dar paso
A una atmósfera de jazmines y bancos públicos?

Tus labios...
¿Acaso no son los labios de todos los besos que me dieron un único beso?
Tu voz...

¿No fue la sonrisa del arquetipo que me reveló una forma secreta?
Tus juegos…
¿Fueron algo además de una muestra irrepetible de lo que la vida es?

Tú no existes más que tus gestos,
Tus gestos son menos que los soportes
Que los permitieron,
El parque,
La luna,
El paseo respirando aires de bahía,
De un Luyanó
Que se fuga
Por la Vía Blanca
Hacia
La memoria.
El amor del océano
Y el perfume
De los colores
Que se van derritiendo.

LA MANZANA PENETRADA

Detrás del cartón, la piedra, La
humedad descubre la vida...
Acuarela que se desvanece
En el tumulto inquebrantable
De las líneas que se inclinan
por el ritmo del olvido...
Reunión en la eterna despedida...
De un pétalo al hormiguero,
De la tierra a las culebras
Que penetran y violan
A las manzanas...

La manzana,
Calumniada,
Agredida,
Ultrajada,
Suspendida
De todas
Y cada
Una
De Las
Mañanas.

Historia de los filatélicos,
De puentes
Y calzones,
De tendidas

Por las manos
Toda
La
Ropa
Que se queda mojada.

Cartones donde el pétalo
Hasta la manzana,
Buscad
El puño
Abierto
A recibir
Nada
Y
Otra
Mañana.

ÍCARO VERDE

Ícaro...
Tu ala
Ante los 9 soles
Cayó...

Vencida, vencida, vencida, vencida...

SIN

Rendición...

La llanura

Es

Una

Caricia   para
El

Río...
Un puñal
Que
Copiará

El
Cuerpo

Mutilado
De
La
Noche

ÍCARO
INVOCADO DE PARCAS

¿No has tocado lo que aún no se muestra?

Cuerdas Ícaro
Porque las notas

Sueñan el verde

del

COCUYO

De
Una

Infancia, Ícaro,

Retornada...

Crepuscular y niña.

EN EL AZUL DE LA VIDA

"Es la función del anzuelo,
Tirar un pescado al cielo,
Llenar de azul la distancia"

José Lezama Lima

Pescar boca arriba,
Donde pica la noche,
Pescar dormida,
Con los ojos del duende negro,
El de la manigua;
Pescar es la victoria
Que comienza en la inocencia.

Luna entre los mangles,
Raíces que aletean
En la corriente del tiempo...
Pican las horas
En las que avanza el sueño
Por el azul de los azules.

Niña sentada en la memoria
Que en las decoraciones fantásticas
Posas para el mago, la prisa Inmóvil
del absurdo
Y censurado movimiento
De un único cuento.
Una pesca de luna
Que nada su vuelo,
En el azul de la vida
Que mancha los cielos.

LOS ARRIBAS SON ABAJOS QUE NO MIRAN PARA EL LADO

"Ibant obscuri sola sub nocte per umbram..."
Virgilio
"La malvada noche va devorando
la claridad de la tarde"
Mario Oliva, alias Domingo día Feriado

Zoroastro en dos el río
Que nos perfora las bocas del cuerpo...
Atavío serpentiforme de isla,
Allí, donde la oscuridad es un monstruo
Que aguarda las gacelas naranjas
Del día,
El amanecer,
El color
Pactado entre la montaña
Y
La tarde,
Allí,
Se cuecen
De lomos
Y huesos
Para sus fauces
Que se tragan
La
Estrella.

Ese punto enjabado del sol
Y con el jaspe de la hierba,
Me devuelve

Al deseo de arena Que
viaja en la mulata
Hasta la mesa
O debajo de la cama
Donde yacen protectores
Astrales,
Guerreros perpetuos
Que custodian el sueño
Del monstruo,
Que aguarda hasta el día
En que,
Inevitablemente,
vencerá nocturno.

DEL OTRO LADO... HAN MUERTO LAS RESPUESTAS

¿Cuál es el arcano que rige las invocaciones
De las manos que no salen del barro?
¿Cuándo, pregunto otra vez, cuándo Alguien
tendrá piedad de lo heridos ciervos,
Enterrados en el laberinto del sur?
No puedo respirar,
Necesito aprender a vivir
Los días de muerte.
¡Soltad la espada cabrones!
¿No veis que es un cuello,
Una yugular desnuda, una pradera virgen, sí,
Un paseo y le quitáis los pies?
Entonces fabricáis los vástagos,
Esos sin tiempo,
Que sólo ven gangrena
En los sueños.

Llega la hora del mar
Y caen las gaviotas
Ante el cortejo de peces
Y alzan un oscuro vuelo
De fauces repletas.

Llora el poeta
Porque ya nadie cree en los versos,
Escribe para los muertos,
Para los que ya no leen.

Vive el pasado
Que no transcurrió
¿Dónde se borran
Estas crónicas
Sin tiempo,
Del miedo
Antes Que
Me cubra el desierto?

PROTOCOLO DE LAS MUSAS

Sembrarse de cordura es la muralla
Que le toca a Calíope una rumba,
Enterrarse, vivir como una tumba
Que nos recauda el cuerpo con su talla.

¡Galeones! Vale más nuestra deriva
Por ensenadas que han enloquecido.
Si la sorpresa es el don del descuido,
Quiero ser cifra, sol, letra cursiva.

Trompeteas arpegios de ultramar,
Guaguanconeas gaitas sin parar.
Se nos reparte el secreto de un grito.

Bajo las fauces que esconden el sueño
¡Qué arda en el acuse de un perito
Quien no sea un quijote caribeño!

EL ORDEN CÓSMICO

¿A quién le importa que nieve en Madrid?
¿A los pijos que calzan en Zara
o los pobres que invernan descalzos?
Mirad, qué bello es cada copo,
blancos, grises,
perfectos fractales,
cada uno es muestra
del orden cósmico...

"Lo que importa es la belleza",
diría un esteta.
Pero...
¿Quién responde por los habitantes
nocturnos de los cartones, por aquellos,
efímeros okupas de portales y vidrieras,
cuyas vidas dependen de algún empleado inepto al que
se le olvidó cerrar la última de las puertas?
¿Y mañana, cuando pasen los pestillos, esos otros,
los eficientes?
Del cielo no vendrán muestras de lo sublime,
caerá la cal de la muerte,
fría
y
desoladora.
Entonces Madrid será un monstruo congelado...
lleno de cuerpos,
muñecos de nieve.

PERDER LA CAMPAÑA POLÍTICA

La poesía se enemista con el romance
y el amor pierde su campaña política.
Es más fácil encontrar un verso en una página de zoología
que contraer el desprestigio en unos votos, perdón, matrimonio.
¿Culpable; la mentira que suplantó identidades de la verdad
desde que esta saliera herida de Auschwitz para acabar muriendo,
al caer de unas torres, al principio de la siguiente centuria?
En mi opinión, la que jamás será escuchada,
pasó que los poetas olvidaron
que para sentir y dar un beso
se necesita una tierra donde descansen los detalles,
un universo muerto que sostenga la vida,
más claro,
la parte inseparable del todo.
La mano no solo acaricia mejillas,
necesita hasta su sombra para
dar muestra de existencia,
si no es así, desaparece.
La mejilla espera la mano
y si no hay mano, no hay beso;
viceversa, pensar una mano en la oscuridad,
vagando en el laberinto del desencuentro, es
exactamente lo que ahora nos pasa:
no hay relatos, testimonios sobre los gestos,
únicamente instrucciones para ser una función,
un libreto o palabra difunta,
condenada en estanterías, invisible.

EL IMPEACHMENT DE MIS ALTARES

Y te posas en la noche, ocre,
Con la montaña de tu boca,
Volcán que da
El magma de tus versos
En un aquelarre de espectros coloquiales,
Ahora, mientras emites la vida, Durero
Yace rectificando cada una de tus líneas
En el sueño de tu rostro.

Tu cuerpo es una nación,
¡Qué bien haces al habitarle!
Sabio es tal reconocimiento
Cuando matas a tu *narciso*
En el temible espejo.

Tu pelo es una manigua;
Allí el sagrado güije abre la güira
Para sembrarte la palabra.

No creo en la magia,
Me arrebataron ese don
Cuando Dante atravesó
La puerta siniestra;
Mas en las revelaciones,
Sucesivas de lo cotidiano,
Apareces al margen de un texto,
Por fuera de haberte pronunciado antes,
Incluso servida al mundo antes de nuestra era,

La única posible, la de nuestro encuentro.
Y te robas mi curso
Y ya no puedo estar en mi nación
Sin que la tuya me haga,
Porque me doy cuenta
Que no hay existencia
Sino te la provocan
¿Cómo ser mañana
Cuando has mencionado
El olvido?
No me hagas otra pregunta, De
aquellas en las que zarpas Y
desnudas mi planeta, Rompes
mi nacido ecosistemaY, ¿qué
le digo a mis especies
Si parte su gea? No quiero vagar
Por la galaxia aunque esté llena de vida.
Hoy no entiendo el rumbo
De anclas que viajan
Guardando el océano
En el cofre de mi vergel,
Que te aguarda;
Aunque se que estoy en el desierto,
Ese lugar en que se vive muerto
Con los "ábrete sésamo",
Al palacio que tiene
Mutilado mi tiempo
¿Eres una Caravana
O el Oasis que me entierra sediento?

FALSO PROMETEO, EXPLOTA EN SU CARGO DE FUEGO

Callados...

"Silencio de las antorchas"

Encerradas en el tálamo
Por la alucinatoria del relevo.

"Silencio de las antorchas"

El fuego pare a la caverna
Y no al revés...
Luego las exposiciones
Que nos separan de la vida,
Todo por querer ver
Más que ser,
Tal cual es el misterio,
¿Falta de aceptación?
Peor...
¿Por qué Prometeo?
Un don, un don que...
Nadie jamás pidió.
Los efectos fueron
Separarnos del resto
Del territorio,
Abandonando
Lo que había quedado.

"Silencio de las antorchas"

El mito de las siete llaves, El laberinto de la esfera, No se sale de la caverna Como en el sueño de Teseo.

"Silencio de las antorchas"

Siervos
De las voces que usurpan,
Pero nada,
Surge el matar.
¡Y atentos todos!
No hay crimen si el conflicto
Se resuelve en una muerte por la vida,
(En la caverna lo saben antes del fuego).
Para ver hay que enceguecer.
El crimen irrumpe
En la muerte por la muerte
Que la pretende viva,
Sí, esto es, querer
El hueco,
Sísifo,
Introducir el velo numérico,
La masacre
Para la selección
Del sacrificio
Del merecer,
El afuera.

Ad infinitum
Et
Flagare
Fatum.

LAS PUERTAS Y LOS VENCIDOS

I

Tras las puertas se esparcen infinitos
espacios acechados de sillones,
silencios que se pueblan de salones
degollando a los cuartos de sus gritos.

Hay puertas ocultando infames ritos,
nacen, mueren o sacrifican dones. Quien
toca las puertas no es por razonessi no
por el complejo de sus mitos.

Te abres por la puerta de la runa,
dejas duelo de númenes y luna
porque te vas, sin nada que perder,

cual arte de tu ausencia amotinada.
Mas esa puerta no te da el poder de
arrancarle tu sabor a esta nada.

II

Aléjate al silencio de las cobras,
allí te morderás lo que quitaste,
no sigas rubricando ese contraste
que no soy horizonte de tus sobras.

Te pido el favor que no hace maniobras;
déjame ser con todo mi desgaste,
no ese punto de aurora que apagaste.
Al siglo contemplar todas tus obras.

El tiempo, el arquitecto de distancias,
sesgará con su muro en los olvidos.
Dispersos en tu ruta de sustancias

nuestras noches de bronce serán ruidos,
dispersos en la ruta de fragancias,
Tocándole la puerta a los vencidos.

DE PROFUNDIS, NACE EL APÓSTOL

A José Julián Martí Pérez

I

"La aventura de mi mano
En la barriga del mundo.
Flota el sabor del cubano
En la alquimia de un segundo."

II

Hoy nació el cuerpo de Cuba,
Diamante que abre la fuente,
el Arroyo que coadyuva
Nuestra historia hasta el presente.

III

El espectro engaño sabe
Que el crepúsculo provoca,
Que el veneno de su boca
Se nos parezca al casabe.

IV

"Al monstruo no le fiemos
Ni el dolor que nos confunde.
Por los muertos no dejemos
Que la bestia nos fecunde."

V

"Siempre todo por el pobre
Y hasta el cuello con el barro.
Mi ¡no! al oro, dame el cobre
Pa ' bañarme con un jarro."

VI

Fue su pluma aquel membrete,
Ese clamor de Occidente,
Por el que todo el Oriente
Alzó una carga al machete.

VII

Este mesías del monte
Vuelve altar a la manigua.
Sacrificio del arconte
Que hasta su verso atestigua.

VIII

"La bandera que descuella
La izaré sobre las palmas,
Para que guíe la estrella, La
nación hasta sus almas."

ENTRE TANKAS, EL GUERRERO

I

Un cuartel de ojos, ojos
que son el mangle. Los
mangles lloran.
La vigilia de océano sobre
mi ejército húmedo.

II

Mis zetas sueñan
poblarte de horizonte,
si duermo abril.

III

Manigua de alas
y bronce atardecido,
hacen tu piel.

IV

Color del tajo.
Escuálidas espadas,
valientes rojas.
Mi herida habla tu cuerpo,
idioma que me sangra.

ELLA Y MUSA

La *poiesis*, el fiel motor sarcástico,
hace cubos de sangre con un paño;
pliega plagas, copula en un elástico,
río que ama fluyendo hacia el daño.

Del norte humos de carne. Le suspiro
mis versos al paisaje de anarquía.
¿Quién llorará al ver un grato giro?
Todo fin nos devuelve la poesía.

Ya no se cree en últimas estrofas;
cual fugo bufón que vierte su mofa:
el dilema de *poiesis* que deduzco,

ella y musa, catástrofe se cata;
no hay parcas si besarla no la busco;
mas si no le escribo, musa me mata.

INEXACTA, VIERTES LA OFENSA

La metopa te ve así, relievada.
Y dispersa en el tímpano vivías,
impasible en el día de los días,
esta Venus sin ropa dibujada.

En mi copa te viertes forastera, casta
en halo a la tarde en que varías el
cúmulo de ocasos. Parecías sustancia
de la obra venidera.

Semejas aquel beso inquilino,
errando la vorágine del sino. Salta
constelación entre tu eslora,

del templo vete ya, sustancia lienza.
En la eterna metopa se demora
la copa que me apura ubicua ofensa.

ÍNDICE

Estoy allí pescando sobre la tarde 9
Me atrapan los espectros 11
Soliloquio en un valle 13
El amor es una profanación 15
Templad con Oggún el acero para que nazca Dioniso 16
Isla, pueblo y restos 20
Tres décimas de un enigma 21
Cuba espera a las calibanas 23
Alabanza del pecado 24
Pedazos que al flotar me matan 25
Panta rei, por tanto, tras lo que fluye 26
El secuestro de la niñez 28
La mano del viaje 29
La plaza está vacía por fuera 31
¿Quién, de Cuba, es profeta de la esperanza? 33
Análisis de amor 34
Abrir el pañuelo que vuela 36
Cuba agradece a los güijes 38
La amenaza del óvalo recto 40
Esperas en el arrullo 42
La isla que se viene 46
Morder las sinfonías 47
Filacteria en la palma nocturna 48
El archivo de intensidades 49
Nos viene la sombra de lo inerte 50
Si sobrevive el detalle 51
Un salir que debe colgar 52
Todos sobre las huellas 54
Los ojos de Gea 55

Arqueros que perdieron 56
Aguarda desnudo 57
Un regalo de muerte 58
El anti-nocturno que se esparce una noche 59
La manzana penetrada 61
Ícaro verde 63
En el azul de la vida 66
Los arribas son abajos que no miran para abajo 67
Del otro lado... han muerto las respuestas 69
Protocolo de las musas 71
El orden cósmico 72
Perder la campaña política 73
El impeachment de mis altares 74
Falso Prometeo explota en su carro de fuego 76
Las puertas de los vencidos 78
De profundis, nace el apóstol 80
Entre tankas, el guerrero 82
Ella y musa 83
Inexacta, viertes la ofensa 84

Este libro se terminó de imprimir
el día 15 de abril de 2021

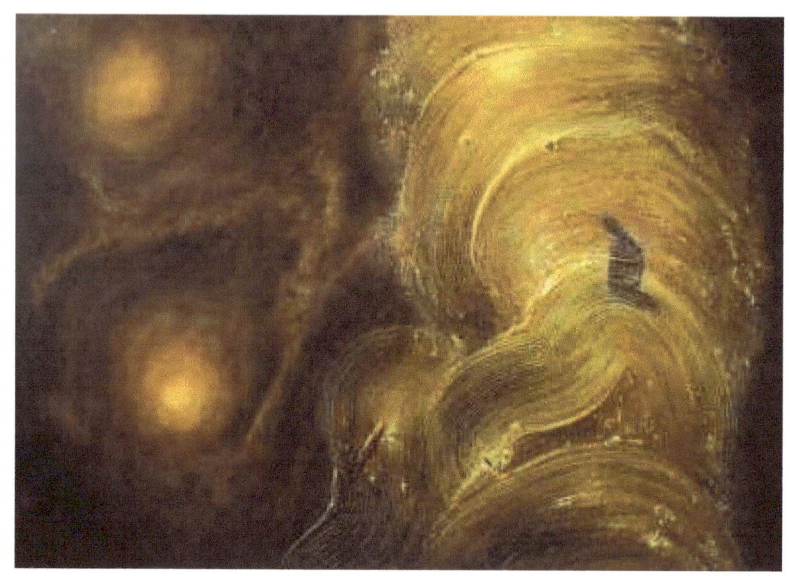

Serie *Far Horizons,* de Dayron Gallardo.

editorial **BETANIA**
Apartado de Correos 50.767 Madrid 28080 España.
E-Mail: editorialbetania@gmail.com
Blog: http://ebetania.wordpress.com

RESUMEN DEL CATÁLOGO (1987-2021)

Colección Betania de Poesía:

La novia de Lázaro, de Dulce María Loynaz.
Voluntad de Vivir Manifestándose y *Leprosorio (Trilogía Poética)*, de Reinaldo Arenas.
Piranese, de Pierre Seghers. Traducción de Ana Rosa Núñez.
13 Poemas, de José Mario.
Venías, de Roberto Valero.
Un caduco calendario, *La luz bajo sospecha* y *Érase una vez una anciana,* de Pancho Vives.
Confesiones eróticas y otros hechizos, de Daína Chaviano.
Oscuridad Divina, *Polvo de Ángel* y *Autorretrato en ojo ajeno*, de Carlota Caulfield.
Hermana, *Hemos llegado a Ilión*, *Hermana/Sister*, *Dos mujeres, Volver* y *Hemos llegado a Ilión (1ª y 2ª edición)* y *Amor fatal,* de Magali Alabau.
Altazora acompañando a Vicente, *Merla* y *Quemando Luces*, de Maya Islas.
Delirio del desarraigo (1ª y 2ª ed.), *Psicalgia/Psychalgie (*1º y 2ª ed.), de Juan José Cantón y Cantón.
Noser y *Sin una canción desesperada*, de Mario G. Beruvides.
Los Hilos del Tapiz y *La Resaca del Absurdo*, de David Lago González.
Blanca Aldaba Preludia, de Lourdes Gil.
Tropel de espejos, de Iraida Iturralde.
Puntos de apoyo y *Soledades*, de Pablo Medina.
Hasta agotar el éxtasis, de María Victoria Reyzábal.
Señales para hallar ese extraño animal en el que habito, de Osvaldo R. Sabino.
Leyenda de una noche del Caribe, Vigil / Sor Juana Inés / Martí, Bajel último y otras obras y *Calles de la tarde*, de Antonio Giraudir.
Cuaderno de Antinoo, de Alberto Lauro.
Poesía desde el paraíso, *Cosas sagradas* y *Resaca de nadas y silencios*, de Orlando Fondevila.
Memoria de mí, de Orlando Rosardi.
Equivocaciones, de Gustavo Pérez Firmat.

Fiesta socrática, *Versos como amigos* y *Los silencios del rapsoda*, de Florence L. Yudin.
Hambre de pez, de Luis Marcelino Gómez.
Juan de la Cruz más cerca, *Batiburrillo* y *Canciones y Ocurrencias y más canciones*, de José Puga Martínez.
Cuerpo divinamente humano (1ª, 2ª ed.), *Vidas de Gulliver* (1ª, 2ª y 3º ed.) *La mano del hijo pródigo*, de León de la Hoz.
Hombre familiar o *Monólogo de las Confesiones* y *Bajó lámparas festivas*, de Ismael Sambra Haber.
Mitologuías, de María Elena Blanco.
Entero lugar, Íntimo color, Ángeles y peces: Los mitos y el misterio, de Laura Ymayo Tartakoff.
La Ciudad Muerta de Korad, de Oscar Hurtado.
No hay fronteras ni estoy lejos;... Se ríe de esquina peligrosa, *¿Qué porcentaje de erotismo tiene tu saliva?*, *Una cruz de ceniza en el aliento*, *Que un gallo me cante para morir en colores,... Y se te morirán las manos vírgenes de mí, No sé si soy de agua o de tu ausencia, La cadena perpetua de nunca olvidarte, Le puse alas al mar para que viniera a verme*, *Cuando el mundo se afeita la tristeza, Ciudadano de un archipiélago de ternura, La isla que me llamaré siempre* y *Perdido en la placenta del tiempo*, de Roberto Cazorla.
Oasis, de José Ángel Buesa.
Versos sencillos, de José Martí.
Voces que dictan y *Reinvenciones. Poesía desde el pensamiento, pensamiento desde la poesía*, de Eugenio A. Angulo.
Tantra Tanka y *Las estaciones* de Arístides Falcón Paradí.
La casa amanecida, *El invitado* y *Amadoro* de José López Sánchez-Varos (Pepe Varos).
Sombras imaginarias, *Vigilia del aliento* y *Sigo zurciendo las medias de mi hijo*, de Arminda Valdés-Ginebra.
De_Dos que el amor conocen, de Pedro Flores y Lidia Machado.
Rosas sobre el cemento (Poemario de la primera mitad del siglo),
de Carlos Pérez Casas.
Catavientos, de Lola Martínez.
País de agua, de Carlos E. Cenzano.
Desde los límites del Paraíso y *Alicia en el Catálogo de Ikea-La noche de Europa*, de José Manuel Sevilla.
En las regiones del dios Pan, de Carlos Miguel González Garrido.
La flauta del embaucador, de Eduarda Lillo Moro.
Madona, de Jaume Mesquida.
Poemas a ese otro amor, *Desencuentros*, *Símpatos*, *Sentimientos* y *Huellas*, de Víctor Monserrat.
Los vencidos, de Joaquín Ortega Parra.
El viaje de los elegidos, de Joaquín Gálvez.
Una suma de frágiles combates, de Lucía Ballester.
Lo común de las cosas, de Ricardo Riverón Rojas.
Melodías de mujer, de Joely R. Villalba.

La guadaña de oro y *Jesús, tú eres mi alegría* y *El hotel de los lunes*, de José Villacís.
Amaos los unos a los otros, de Oscar Piñera Arenas.
Numeritos y palabras, de Roberto Ferrer.
Afuera, de Camilo Venegas.
Vendedor de espejos, de Eliecer Barreto Aguilera.
Hasta el presente (Poesía casi completa) y *Otro fuego a liturgia*, de Alina Galliano.
Fugitiva del tiempo, de Emilia Currás.
Cuba, sirena dormida, Refranero español de décimas y *Hontanar. Antología de décimas*, de Evelio Domínguez.
La memoria donde ardía, de Olga Guadalupe.
Contemplación. Thoughts and Poems, de Ileana González Monserrat.
Tribunal de sombras, de Guillermo Arango.
Las palabras viajeras y *Visiones de mujer con alas*, de Aimée G. Bolaños
Cuba en verso: la isla entre rejas, de Ada Bezos Castilla.
Adán en el estanque, de Yoandy Cabrera.
Lenguaje de mudos, de Delfín Prats.
Vida ensombrecida, de Eugenia Muñoz.
El duende (Poemas y cuentos) y *Heridas (Poemas)*, de Víctor Reynaldo Marrero Pérez.
Los poetas nunca pecan demasiado, de Manuel A. López.
El centeno que corta el aire, de Margarita García Alonso.
El libro de las conversiones imaginarias, de Jorge Luis Arcos.
La casa de mis abuelos (Poemas y cartas), de Castor González Madrazo.
Los poemas de Suecia / The Sweden Poems, de Oliver Welden.
Cuba: Poema mitológico, de Guillermo Rodríguez Rivera.
Los cristales que te hincan, de Lina de Feria.
El ángel o la bestia, de Tamara G. Méndez Balbuena.
El ojo de la gaviota y *Los cuervos y la infamia*, de Félix Anesio..
Sepia, de Ena Columbié.
Cierro mis ojos y escribo estos poemas, de Alberto Muller.
Copos en la piel, de Carlos I. Naranjo.
Rimas del alma. Observando el mundo, de Carlos M. Taracido.
Tabla de salvación, de Lilliam Moro.
Primer Labio, de María José Mures.
Homenaje a la Tierra, de Rubí Arana.
Neblina, de Salomon Montaguth.
Multiverso infinito, de Zalbidea Paniagua
Libertad y familia, de Leoncio V. Rodríguez.
Ferocidad: Los años sucios, de Luis García de la Torre.
Cartas a mi madre, de Luis Rafael.
Anti-nocturnos del Caribe, de Jorge Gabriel M. Vera.

De la serie *Figuras negras*, de Dayron Gallardo.

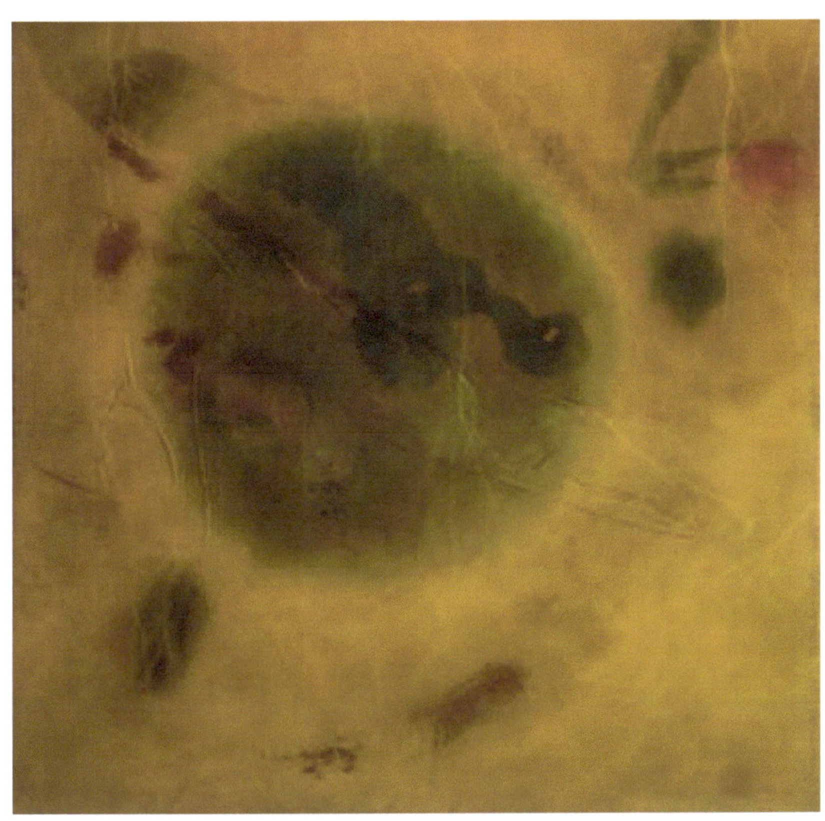

Serie *Far Horizons,* de Dayron Gallardo.

De la serie *Figuras negras*, de Dayron Gallardo.

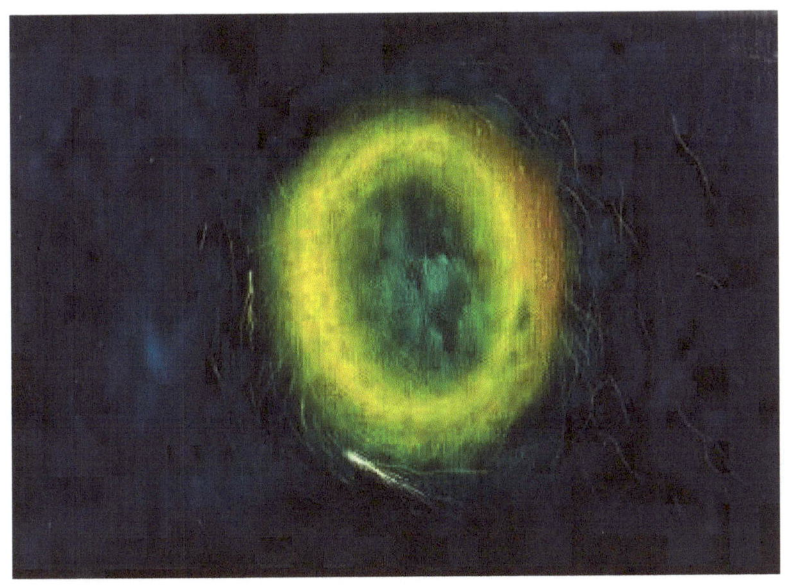

Serie *Far Horizons,* de Dayron Gallardo.

Serie *Far Horizons,* de Dayron Gallardo.

Serie *Far Horizons,* de Dayron Gallardo.

Serie *Far Horizons,* de Dayron Gallardo.

Serie *Far Horizons,* de Dayron Gallardo.

Jorge Gabriel M. Vera (1984). Nacido en La Habana, Marianao, Cuba. Actualmente reside en Madrid desde el año 2013. Diplomado en Teolo- gía por la Universidad de Salamanca a distancia, mediante el Centro Fray Bartolomé de las Casas de los Dominicos (2013), El Vedado, Cuba. Bioethics: The Law, Medicine, and Ethics of Reproductive Technologies and Genetics en HarvardX. Participante en el taller literario El Cuento Latinoamericano, de la Casa de la Cultura de la Víbora (2009), Cuba. Integrante de la compañía aficionada de Teatro Musical Habana Joven, con dirección general de Robertina Morales Silva y dirección artística de Ismael Challenger Sejour (2010-2013), Diez de Octubre. En el año 2014, en Madrid, creó el blog Ágora y Omega que recientemente pasaría a llamarse *ANARCOS por CUBA* donde publica poesía, ensayos y relatos. Ha colaborado con diversas revistas digitales, entre ellas *Cuba Literaria Ediciones Digitales* y la revista *VozxCuba*. Finalista en el certamen I Premio "Nueve Musas Poesía" 2020 con su poemario *Los Umbrales y el Tanka sordo*.

editorial

Colección BETANIA de Poesía

BETANIA

www.ingramcontent.com/pod-product-compliance
Ingram Content Group UK Ltd.
Pitfield, Milton Keynes, MK11 3LW, UK
UKHW060405300726
14090UKWH00006B/444

* 9 7 8 8 4 8 0 1 7 4 3 5 0 *